長谷園「かまどさん」で毎日レシピ

サルボ恭子

河出書房新社

もくじ

○大さじ1＝15mℓ、小さじ1＝5mℓ、1合＝180mℓ、1カップ＝200mℓです。
○レシピの分量は「かまどさん」三合炊き1台分ですが、4～5人分が目安です。
○「塩」とあるのはすべてフランス・ブルターニュ地方のゲランド産の顆粒塩を使っています。ミネラル分が強く、塩けがマイルドな自然塩です。使用する塩により塩けの感じ方が異なるので、使う塩によって加減してください。
○「こしょう」とあるのは黒こしょうのことです。
○「オリーブ油」とあるのはすべてエクストラバージンオリーブオイルです。
○レシピの中で中強火にかける時間は、ガス台の火力の強さで多少異なります。あくまでも目安としての時間と考えてください。上ぶたの穴から蒸気が勢いよく出はじめてからの時間を計ってください。
○電子レンジは600Wを使用しています。500Wの場合は加熱時間を1.2倍にしてください。

「かまどさん」で
作って そのまま食卓へ

「かまどさん」で
常備菜

「かまどさん」のごはんは絶品！

「かまどさん」でごはんを炊くと、
米粒一つひとつにゆっくりと火が通るので
ふっくら、つやつやで、ごはん粒が立っています。

食べると思わず「おいしい！」とごはんのおいしさをかみしめます。
これぞ土鍋がなせるワザ！
しかも火加減いらずで、ふきこぼれもありません。

ごはんをかまどで炊いていた時代には、
「はじめチョロチョロ、中パッパ、赤子泣くともふた取るな」
が火加減の目安とされていました。

「かまどさん」を火にかけると厚みのある鍋底にゆっくりと熱を蓄えます。
これが「はじめチョロチョロ」。
熱を蓄えると勢いよく沸き立ちます。
これが「中パッパ」。
この二つの工程を「かまどさん」は中強火（または中火）で一気に行うのです。
あとは火を止めて蒸らすだけ。
これが「赤子泣くともふた取るな」。

蓄熱性が高いので余熱調理ができ、煮たり、蒸したりも得意ワザ。
一つあればおいしいごはんはもちろん、
おかずでもデザートでもお手のものです。

「かまどさん」の
ごはんがおいしいわけ

土がいい

「かまどさん」は伊賀の土でできています。伊賀は太古の昔、琵琶湖の湖底だったため、炭化した植物や微生物を多く含み、焼成すると小さな気孔ができます。この気孔が熱を蓄える役割を果たし、土鍋を火にかけるとじっくりと食材に火を通して、食材が本来もつ旨みをじっくりと引き出します。

構造がいい

肉厚成形になっていて鍋底に厚みがあります。そのため蓄熱性が高く、火加減いらずでごはんが炊けます。保温性も高く、火を止めてからじっくり時間をかけてごはんを蒸らし続けるので、お米のおいしさを引き出してくれます。さらに二重ぶたの構造もポイント。厚みがあって重い中ぶたが圧力釜の機能をもち、中のごはんに圧力をかけてふっくらと仕上げます。この中ぶたのおかげでふきこぼれも防げ、レンジ台も汚れません。

釉薬がいい

「かまどさん」は遠赤外線効果の高い釉薬で仕上げてあります。この効果でごはんがふっくらと炊き上がります。

「かまどさん」の仕組み

上ぶた

下から出てきた蒸気が上ぶたにぶつかり、中ぶたに圧力をかける。中ぶたの穴と上ぶたの穴が垂直になるように置く。

中ぶた

ふきこぼれを防止する。下からの蒸気を2つの穴から抜く。

鍋

厚みがある。底部分が厚くなっているので、保温力、保冷力に優れている。保温力を生かして余熱調理もでき、ごはんを炊いたあとはおひつにもなる。

「かまどさん」にはこんな種類があります。

この本ではすべて2～3人家族で使いやすい三合炊き（直径24cm）の「かまどさん」を使っています。サイズは一人暮らしや大家族など、家族構成に合わせて選ぶといいでしょう。どの「かまどさん」にもしゃもじがついています。また破損した場合は、鍋、中ぶた、上ぶたの各パーツの販売も行っているので安心です。

五合炊き
2万4,200円（税込）

三合炊き
1万6,500円（税込）

二合炊き
1万4,300円（税込）

一合炊き
1万1,000円（税込）

「かまどさん」を使うときに注意することとお手入れ法

最初に使うときは目止めをする

「かまどさん」を最初に使うときは、目止めを行ってください。鍋には小さな気孔があいているので、この気孔にでんぷんで目止めするためにおかゆを炊きます。土鍋を洗って鍋底の水分をふき取って乾かし、土鍋の八分目まで水(またはお湯)を入れ、水の量の $\frac{1}{5}$ 以上の残りごはんを加えます。上ぶたをして弱火にかけ、ふきこぼれないように注意しながらおかゆを炊きます。炊き上がったら火を止めて1時間以上おき、土鍋が冷めたらおかゆを取り出して土鍋を水洗いし、しっかり乾かします。そのまま使うと水漏れの原因になることもあるので、必ず行ってください。

IHには使えない!

ガス、電熱器、電子レンジ、オーブンは使えますが、IH調理器には使えません。ただし電子レンジで使う場合は、重さによって加熱時間が決まるので、中の容量が重すぎるものは不向きです。

裏底に水けがないことを確認

火にかけるとき、裏底に水けがあるとひび割れの原因になります。火にかける前に水けがないことを確認してください。また、炒め物はできますが、肉や魚を焼きつけるのは避けてください。コンロの自動炊飯器機能を使うのもタブーです。

使った後はしっかり乾燥

使用後は手早く洗って、しっかり乾燥させることが大切です。中ぶたの上に土鍋の底が上になるように置き、風通しのいいところで一晩ほど乾燥させます。箱や戸棚などには入れないで、ラックなどに収納すること。乾燥が不十分だとかびや目詰まりの原因になるので注意してください。

鍋に匂いがついたらレモン汁で一掃

いろいろな料理をすると鍋に匂いがつくことがあります。気になるようなら鍋に八分目まで水を入れて、レモン½個分を絞ってから煮立ててください。これで匂いはなくなります。料理ができ上がったら、器や保存容器に移し替えるといいでしょう。

小さなひびは大丈夫

もしひび割れを見つけたら、もう一度おかゆを炊いて目止めをしてください。それでも水漏れするようなら替えどきです。「かまどさん」はパーツごとに販売しているので、どのパ　ツが破損しても取り替えられます。

もし焦げ付いたら、重曹を入れて沸騰

少しの焦げ付きなら水を入れて沸騰させ、しばらくおいてからこそげ落とせばきれいに取れます。頑固な焦げ付きの場合は、水を7分目まで入れて重曹を大さじ1～2加え、沸騰させてしばらくおいてから洗います。重曹を使ったときは、初めて使うときと同様にしておかゆを炊き、目止めをしてください。

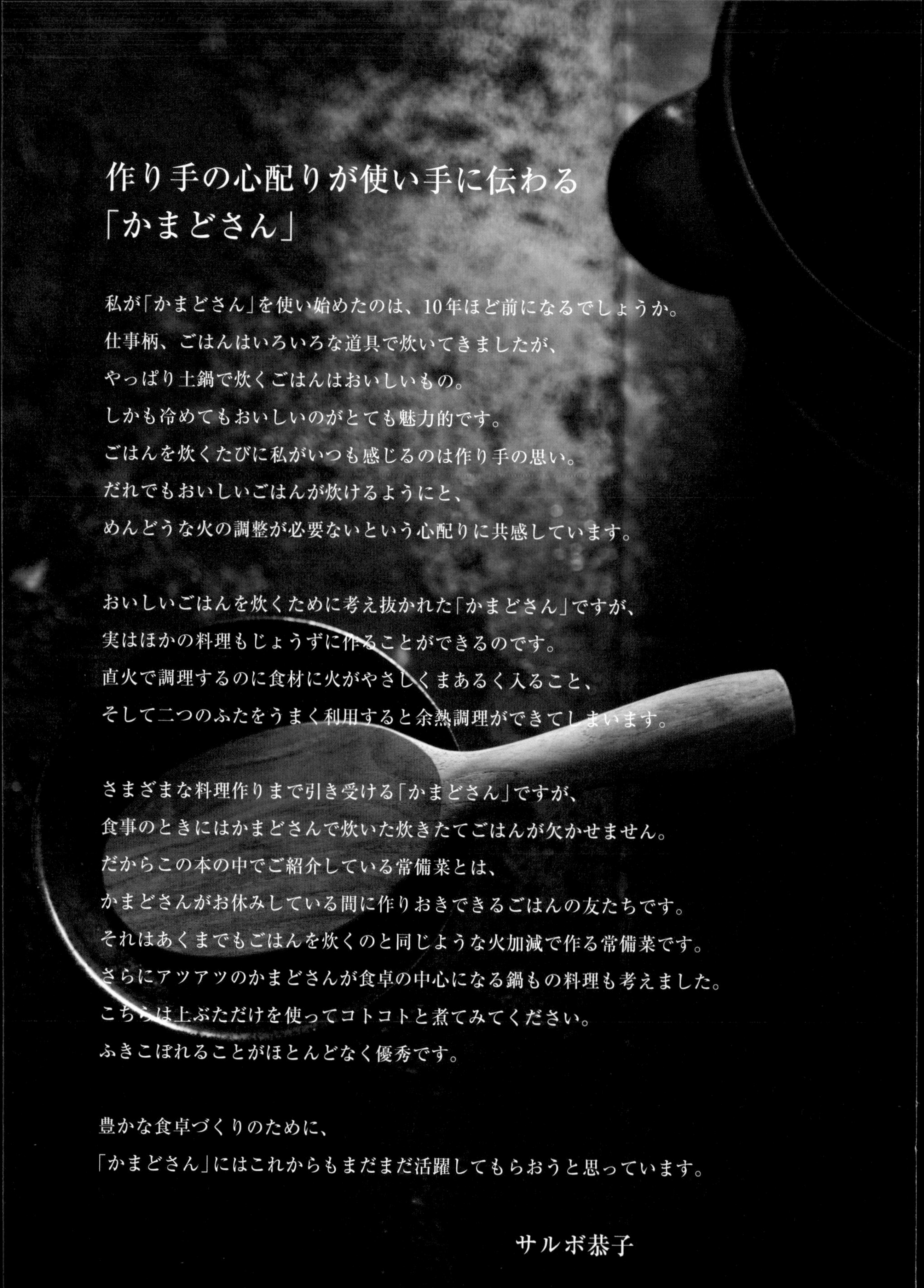

作り手の心配りが使い手に伝わる「かまどさん」

私が「かまどさん」を使い始めたのは、10年ほど前になるでしょうか。
仕事柄、ごはんはいろいろな道具で炊いてきましたが、
やっぱり土鍋で炊くごはんはおいしいもの。
しかも冷めてもおいしいのがとても魅力的です。
ごはんを炊くたびに私がいつも感じるのは作り手の思い。
だれでもおいしいごはんが炊けるようにと、
めんどうな火の調整が必要ないという心配りに共感しています。

おいしいごはんを炊くために考え抜かれた「かまどさん」ですが、
実はほかの料理もじょうずに作ることができるのです。
直火で調理するのに食材に火がやさしくまあるく入ること、
そして二つのふたをうまく利用すると余熱調理ができてしまいます。

さまざまな料理作りまで引き受ける「かまどさん」ですが、
食事のときにはかまどさんで炊いた炊きたてごはんが欠かせません。
だからこの本の中でご紹介している常備菜とは、
かまどさんがお休みしている間に作りおきできるごはんの友たちです。
それはあくまでもごはんを炊くのと同じような火加減で作る常備菜です。
さらにアツアツのかまどさんが食卓の中心になる鍋もの料理も考えました。
こちらは上ぶただけを使ってコトコトと煮てみてください。
ふきこぼれることがほとんどなく優秀です。

豊かな食卓づくりのために、
「かまどさん」にはこれからもまだまだ活躍してもらおうと思っています。

サルボ恭子

「かまどさん」で
ごはん

かまどさんで炊いたごはんは、ふっくらとして一粒一粒が立っています。噛むほどにごはんの旨みと甘みが口の中に広がって、「これぞ、ごはん！」と感動の味わい。まずは白米ごはん。上手に炊けたら、混ぜごはんや炊き込みごはんに挑戦しましょう。

白米のごはん

ふっくら炊き上がったごはんは絶品！
炊き上がったあと、ひと混ぜしてそのまま土鍋に入れておけば、
余分な水分が抜けておひつがわりになります。

材料と作り方

白米 … 3合

水 … 600mℓ（3カップ）

①

ボウルに水をはり、ざるに入れた米をつけてさっと混ぜ、一度引き上げて水を捨てる。ボウルに米の入ったざるをのせて流水を入れ、「水の中でやさしく米を洗う→ボウルの水を捨てる」を数回繰り返す。

②

水をきって5分ほどおく。

③

「かまどさん」に米を入れ、分量の水を加えて中ぶたと上ぶたをし、20分間浸水させる。このとき、中ぶたの2つの穴と上ぶたの穴が垂直になるようにする。

④

③を中強火にかける。

＊ **中強火とは、ガスの火が「かまどさん」の底の白い部分の半分くらいまでかかるくらい。**

⑤

9〜13分たって、上ぶたの穴から蒸気が勢いよく噴き出しはじめてから1〜2分後に火を止める。

⑥

そのまま20分蒸らす。

おかゆ

からだにやさしいおかゆは土鍋でじっくりと煮るのが一番。
溶け出したでんぷんにはお米の旨みがたっぷり含まれています。
梅干しやのりのつくだ煮などを添えてどうぞ。

材料と作り方

白米 … 1合

水 … 900mℓ (4と$\frac{1}{2}$カップ)

①

ボウルに水をはり、ざるに入れた米をつけて、数回やさしく混ぜて引き上げる。「かまどさん」に米を入れ、分量の水を加える。

②

上ぶたをし、30分間浸水させる。

③

②を中強火にかける。

④

沸騰したらふたをあけ、ゴムべらなどで軽く混ぜる。

⑤

弱火にして上ぶたをずらしてのせ、静かに沸騰している状態で15分ほど炊く。

⑥

火を止めてそのまま5分蒸らす。

雑穀ごはん

栄養満点のつぶつぶ、もちもちの食感が楽しめるごはん。
中ぶたで圧力がかかるので、雑穀にもちゃんと火が通ります。
雑穀はいろいろな種類があるのでお好みのものを使ってください。

材料と作り方

白米 … 2と1/2合
ミックス雑穀（15種のもの）… 15g
水 … 600mℓ（3カップ）

① ボウルに水をはり、ざるに入れた米をつけてさっと混ぜ、一度引き上げて水を捨てる。ボウルに米の入ったざるをのせて流水を入れ、「水の中でやさしく米を洗う→水を捨てる」を数回繰り返す。

② 水をきって5分ほどおく。

③「かまどさん」に米を入れて分量の水を加え、ミックス雑穀を加える〈**写真**〉。中ぶたと上ぶたをし、20分間浸水させる。このとき、中ぶたの2つの穴と上ぶたの穴が垂直になるようにする。

④ ③を中強火にかける。

⑤ 9〜13分たって、上ぶたの穴から蒸気が勢いよく噴き出しはじめてから1〜2分後に火を止める。

⑥ そのまま20分蒸らす。

玄米ごはん

プチッとした食感がたまりません。
しっかり浸水させ、長めに炊くのがポイント。
じっくり、ゆっくりと火が入っていきます。

材料と作り方

玄米 … **2合**
水 … **600mℓ**（3カップ）
塩 … **ひとつまみ**

① ボウルに水をはり、ざるに入れた玄米をつけてさっと混ぜ、一度引き上げて水を捨てる。ボウルに玄米の入ったざるをのせて流水を入れ、「水の中でやさしく玄米を洗う→水を捨てる」を数回繰り返す。

② 水をきって5分ほどおく。

③ ボウルに②を入れ、分量の水と塩を加えて〈**写真**〉冷蔵庫に入れ、10～12時間浸水させる。

④ 「かまどさん」に③を入れ、中ぶたと上ぶたをする。このとき、中ぶたの2つの穴と上ぶたの穴が垂直になるようにする。

⑤ ④を中火にかける。

＊ 中火とは、ガスの火が「かまどさん」の底の白い部分の$\frac{1}{3}$くらいまでかかるくらい。

⑥ 12～15分たって、上ぶたの穴から蒸気が勢いよく噴き出しはじめてから13～15分後に火を止める。

⑦ そのまま30～40分蒸らす。

納豆ごはん

納豆の風味が口いっぱいに広がります。納豆のネバネバはありませんが、
風味がしっかり生きているので納豆好きにはたまらないごはんです。

えのきだけとにらのごはん

えのきだけの食感とにらの風味が味の決め手。
炊いている間にえのきだけから旨みと水分が出てごはんに染み込みます。

焼きねぎと鶏肉のごはん

ねぎを焼いて香ばしさと甘みを引き出して。
鶏肉の旨みと甘辛だれがごはんに絡みます。

ドライトマトと黒オリーブのごはん

ドライトマトとオリーブが好相性。
ドライトマトの旨みがごはんを包み、オリーブがアクセントになります。

納豆ごはん

材料と作り方

納豆 … **2パック**（100g）
白米 … **2合**
水 … **400㎖**
しょうゆ … **大さじ2**
万能ねぎ … **4本**
和がらし … **適量**

① ボウルに水をはり、ざるに入れた米をつけてさっと混ぜ、一度引き上げて水を捨てる。ボウルに米の入ったざるをのせて流水を入れ、「水の中でやさしく米を洗う→水を捨てる」を数回繰り返し、5分ほど水をきる。

② 「かまどさん」に米を入れ、分量の水を加えて上ぶたをし、20分間浸水させる。

③ ふたをあけて納豆としょうゆを加え、中ぶたと上ぶたをして中強火にかける。このとき、中ぶたの2つの穴と上ぶたの穴が垂直になるようにする。

④ 9～13分たって、上ぶたの穴から蒸気が勢いよく噴き出しはじめてから1～2分後に火を止め、そのまま20分蒸らす。小口切りにした万能ねぎと和がらしを加えて混ぜる。

えのきだけとにらのごはん

材料と作り方

えのきだけ … **2パック**（150g）
にら … **½束**
白米 … **2合**
水 … **360㎖**
しょうゆ … **大さじ1**
塩 … **小さじ1**

① えのきだけは石づきを取って1.5㎝幅に切る。にらは1㎝幅に切る。

② ボウルに水をはり、ざるに入れた米をつけてさっと混ぜ、一度引き上げて水を捨てる。ボウルに米の入ったざるをのせて流水を入れ、「水の中でやさしく米を洗う→水を捨てる」を数回繰り返し、5分ほど水をきる。

③ 「かまどさん」に米を入れ、分量の水を加えて上ぶたをし、20分間浸水させる。
＊えのきだけから水分が出るので、水は少なめ。

④ ふたをあけて①と調味料を加え、中ぶたと上ぶたをして中強火にかける。このとき、中ぶたの2つの穴と上ぶたの穴が垂直になるようにする。

⑤ 9～13分たって、上ぶたの穴から蒸気が勢いよく噴き出しはじめてから1～2分後に火を止め、そのまま20分蒸らす。

焼きねぎと鶏肉のごはん

材料と作り方

長ねぎの白い部分 … 2本分

鶏ももひき肉 … 160g

A
- **しょうゆ** … 大さじ2
- **酒** … 大さじ1
- **みりん** … 大さじ2
- **砂糖** … 小さじ1

白米 … 2合

水 … 400mℓ

しょうがの絞り汁 … 大さじ1

① 長ねぎは2.5cm幅の輪切り、ひき肉はAと混ぜ合わせる。2分ほど加熱したオーブントースターにねぎを入れ、片面に焦げ目がつくまで焼く。

② ボウルに水をはり、ざるに入れた米をつけてさっと混ぜ、一度引き上げて水を捨てる。ボウルに米の入ったざるをのせて流水を入れ、「水の中でやさしく米を洗う→水を捨てる」を数回繰り返し、5分ほど水をきる。

③「かまどさん」に米を入れ、分量の水を加えて上ぶたをし、20分間浸水させる。

④ ふたをあけて①、しょうがの絞り汁を加え、中ぶたと上ぶたをして中強火にかける。このとき、中ぶたの2つの穴と上ぶたの穴が垂直になるようにする。

⑤ 9～13分たって、上ぶたの穴から蒸気が勢いよく噴き出しはじめてから1～2分後に火を止め、そのまま20分蒸らす。

ドライトマトと黒オリーブのごはん

材料と作り方

ドライトマト … 20g

黒オリーブ … 6粒（約50g）

白米 … 2合

水 … 400mℓ

① ドライトマトはみじん切り、黒オリーブは5mm幅の輪切りにする。

② ボウルに水をはり、ざるに入れた米をつけてさっと混ぜ、一度引き上げて水を捨てる。ボウルに米の入ったざるをのせて流水を入れ、「水の中でやさしく米を洗う→水を捨てる」を数回繰り返し、5分ほど水をきる。

③「かまどさん」に米を入れ、分量の水を加えて上ぶたをし、20分間浸水させる。

④ ふたをあけて①を加え、中ぶたと上ぶたをして中強火にかける。このとき、中ぶたの2つの穴と上ぶたの穴が垂直になるようにする。

⑤ 9～13分たって、上ぶたの穴から蒸気が勢いよく噴き出しはじめてから1～2分後に火を止め、そのまま20分蒸らす。

さつまいもとあんずのごはん

ホクホクのさつまいもの味の引き立て役があんずです。
中ぶたで圧力がかかるとさつまいもが形崩れしません。

ツナごはん

最後にシャキシャキの紫玉ねぎを加えるのがおいしさの秘密。
マヨネーズでコクをプラスするとワンランク上のツナごはんに。

わかめごはん

にんにくが味のアクセント。
シンプルな素材の組み合わせですが、パンチのあるごはんです。

明太子ごはん

最後に食感豊かなきゅうりを入れてたまらないおいしさに仕上げます。
明太子がごはんに絡まってちょっぴりピリ辛に。

さつまいもとあんずのごはん

材料と作り方

さつまいも … 450g

干しあんず … 30g

白米 … 2合

水 … 400㎖

① さつまいもは1㎝厚さの輪切りにしてから4等分に切る。干しあんずは粗みじん切りにする。

② ボウルに水をはり、ざるに入れた米をつけてさっと混ぜ、一度引き上げて水を捨てる。ボウルに米の入ったざるをのせて流水を入れ、「水の中でやさしく米を洗う→水を捨てる」を数回繰り返し、5分ほど水をきる。

③ 「かまどさん」に米を入れ、分量の水を加えて上ぶたをし、20分間浸水させる。

④ ふたをあけて①を加え、中ぶたと上ぶたをして中強火にかける。このとき、中ぶたの2つの穴と上ぶたの穴が垂直になるようにする。

⑤ 9〜13分たって、上ぶたの穴から蒸気が勢いよく噴き出しはじめてから1〜2分後に火を止め、そのまま20分蒸らす。

ツナごはん

材料と作り方

ツナ（チャンクのもの）… **2缶**（140g）

白米 … 2合

水 … 400㎖

マヨネーズ … **大さじ2**

紫玉ねぎ … **小½個**（80g）

こしょう … **適量**

① ツナは油をきり、紫玉ねぎは薄切りにする。

② ボウルに水をはり、ざるに入れた米をつけてさっと混ぜ、一度引き上げて水を捨てる。ボウルに米の入ったざるをのせて流水を入れ、「水の中でやさしく米を洗う→水を捨てる」を数回繰り返し、5分ほど水をきる。

③ 「かまどさん」に米を入れ、分量の水を加えて上ぶたをし、20分間浸水させる。

④ ふたをあけて①のツナとマヨネーズを加え、中ぶたと上ぶたをして中強火にかける。このとき、中ぶたの2つの穴と上ぶたの穴が垂直になるようにする。

⑤ 9〜13分たって、上ぶたの穴から蒸気が勢いよく噴き出しはじめてから1〜2分後に火を止め、そのまま20分蒸らす。紫玉ねぎを加えて混ぜ合わせ、こしょうをふる。

わかめごはん

材料と作り方

カットわかめ（乾燥）… 15g

にんにく … 大2かけ

白米 … 2合

水 … 400mℓ

ごま油 … 大さじ1

塩 … 小さじ1弱

① にんにくは縦半分に切って芽を取り除く。

② ボウルに水をはり、ざるに入れた米をつけてさっと混ぜ、一度引き上げて水を捨てる。ボウルに米の入ったざるをのせて流水を入れ、「水の中でやさしく米を洗う→水を捨てる」を数回繰り返し、5分ほど水をきる。

③「かまどさん」に米を入れ、分量の水を加えて上ぶたをし、20分間浸水させる。

④ ふたをあけて①とわかめ（戻さない）、ごま油、塩を加え、中ぶたと上ぶたをして中強火にかける。このとき、中ぶたの2つの穴と上ぶたの穴が垂直になるようにする。

⑤ 9〜13分たって、上ぶたの穴から蒸気が勢いよく噴き出しはじめてから1〜2分後に火を止め、そのまま20分蒸らす。

明太子ごはん

材料と作り方

辛子明太子 … 1腹（60g）

きゅうり … 3本

塩 … 小さじ1

白米 … 2合

水 … 400mℓ

① 明太子は身をスプーンでこそげ取る。きゅうりは薄切りにし、塩をふる。しんなりしたら水けをぎゅっと絞る。

② ボウルに水をはり、ざるに入れた米をつけてさっと混ぜ、一度引き上げて水を捨てる。ボウルに米の入ったざるをのせて流水を入れ、「水の中でやさしく米を洗う→水を捨てる」を数回繰り返し、5分ほど水をきる。

③「かまどさん」に米を入れ、分量の水を加えて上ぶたをし、20分間浸水させる。

④ ふたをあけて明太子を加え、中ぶたと上ぶたをして中強火にかける。このとき、中ぶたの2つの穴と上ぶたの穴が垂直になるようにする。

⑤ 9〜13分たって、上ぶたの穴から蒸気が勢いよく噴き出しはじめてから1〜2分後に火を止め、そのまま20分蒸らす。①のきゅうりを加えて混ぜ合わせる。

しじみのみそごはん

みそ汁をそのままごはんにしたような一品。
しじみのスープがもう一つの調味料になって
ごはんの旨みを引き立てます。

材料と作り方

しじみ … 600g
水 … 2カップ
酒 … **大さじ**2
白米 … 3合
みそ … **大さじ**2
青のり … **大さじ**3

① しじみは殻をこすり合わせて洗い、鍋に分量の水、酒と共に入れて中火にかける。貝の口があいたら火を止めてアクをひき、ざるに上げて汁と貝に分ける。汁は水と合わせて600mℓ（炊飯用の水）にする。貝は冷めたら殻から身を取り出す。

② ボウルに水をはり、ざるに入れた米をつけてさっと混ぜ、一度引き上げて水を捨てる。ボウルに米の入ったざるをのせて流水を入れ、「水の中でやさしく米を洗う→水を捨てる」を数回繰り返し、5分ほど水をきる。

③「かまどさん」に米を入れ、①の水を加えて上ぶたをし、20分間浸水させる。

④ ふたをあけてしじみの身とみそを加え、中ぶたと上ぶたをして中強火にかける。このとき、中ぶたの2つの穴と上ぶたの穴が垂直になるようにする。

⑤ 9～13分たって、上ぶたの穴から蒸気が勢いよく噴き出しはじめてから1～2分後に火を止め、そのまま20分蒸らす。青のりを加えて全体に混ぜ合わせる。

焼き油揚げの
ごま香味ごはん

油揚げを焼くと香ばしさがプラスされます。
ごはんが炊き上がってから具材を入れると
サクッ、シャキッの食感が楽しめます。

材料と作り方

鯛（切り身）… **1切れ**（90g）
酒 … **大さじ1**
油揚げ … **2枚**
しょうゆ … **大さじ1と$\frac{1}{2}$**
三つ葉 … **1束**
みょうが … **4個**
白米 … **2と$\frac{1}{2}$合**
水 … **500㎖**
しょうがの薄切り … **4枚**
塩 … **約小さじ1**
白すりごま … **大さじ2**

① 鯛は酒をふって5分ほどおく。油揚げはオーブントースターでカリッと色づくまで焼き、1×4㎝に切り分けてしょうゆを絡ませる。三つ葉は根元を切り落として1.5㎝長さに切る。みょうがは薄い輪切りにする。

② ボウルに水をはり、ざるに入れた米をつけてさっと混ぜ、一度引き上げて水を捨てる。ボウルに米の入ったざるをのせて流水を入れ、「水の中でやさしく米を洗う→水を捨てる」を数回繰り返し、5分ほど水をきる。

③ 「かまどさん」に米を入れ、分量の水を加えて上ぶたをし、20分間浸水させる。

④ ふたをあけて鯛、しょうが、塩を加え、中ぶたと上ぶたをして中強火にかける。このとき、中ぶたの2つの穴と上ぶたの穴が垂直になるようにする。

⑤ 9〜13分たって、上ぶたの穴から蒸気が勢いよく噴き出しはじめてから1〜2分後に火を止め、そのまま20分蒸らす。①の油揚げ、すりごま、三つ葉、みょうがを加えて混ぜ合わせる。

サーモンごはん

サーモンとピーマンの彩りが食欲をそそります。
最後にバターを入れてコクをプラス。
さっぱりしているのにしっかり味のごはんです。

材料と作り方

サーモン（生・切り身）… **3切れ**（270g）
塩 … **小さじ$\frac{1}{3}$**
ピーマン … **3個**
白米 … **2合**
水 … **400㎖**
しょうゆ … **大さじ2**
酒 … **大さじ1**
キャベツのせん切り … **50g**
バター（食塩不使用）… **15g**

① サーモンは皮と骨を取り除いて4等分に切り、塩をまぶす。ピーマンは縦半分に切ってへたと種を取り、さらに縦半分に切ってから横に4等分に切る。

② ボウルに水をはり、ざるに入れた米をつけてさっと混ぜ、一度引き上げて水を捨てる。ボウルに米の入ったざるをのせて流水を入れ、「水の中でやさしく米を洗う→水を捨てる」を数回繰り返し、5分ほど水をきる。

③「かまどさん」に米を入れ、分量の水を加えて上ぶたをし、20分間浸水させる。

④ ふたをあけて①、しょうゆ、酒を加え、中ぶたと上ぶたをして中強火にかける。このとき、中ぶたの2つの穴と上ぶたの穴が垂直になるようにする。

⑤ 9〜13分たって、上ぶたの穴から蒸気が勢いよく噴き出しはじめてから1〜2分後に火を止め、そのまま20分蒸らす。キャベツのせん切りとバターを加えて混ぜ合わせる。

ちらし寿司風ごはん

おもてなしにぴったりのボリューム満点のお寿司。
紅しょうがの赤色と卵の黄色が鮮やかで
食卓に華を添えます。

材料と作り方

干ししいたけ … 4個
水 … 1カップ
うなぎかば焼き … 140g
うなぎのたれ … 20g
ロースハム … 4枚（40g）
紅しょうがの細切り（市販）… 40g
卵 … 2個
白米 … 2合
粉ざんしょう … 少々

① 干ししいたけは分量の水につけ、柔らかくなったら石づきを取り除いて薄切りにする。うなぎは1×2㎝に切り、うなぎのたれはしいたけの戻し汁、水と合わせて400㎖（炊飯用の水）にする。ハムは5㎜角に切る。紅しょうがは粗みじん切りにする。

② 卵はボウルに割りほぐし、塩少々（分量外）を加えてラップをする。電子レンジで1分加熱して全体を混ぜほぐし、さらに30秒加熱してフォークの背で細かくほぐす。

③ ボウルに水をはり、ざるに入れた米をつけてさっと混ぜ、一度引き上げて水を捨てる。ボウルに米の入ったざるをのせて流水を入れ、「水の中でやさしく米を洗う→水を捨てる」を数回繰り返し、5分ほど水をきる。

④ 「かまどさん」に米を入れ、①の水を加えて上ぶたをし、20分間浸水させる。

⑤ ふたをあけて①のしいたけを加え、中ぶたと上ぶたをして中強火にかける。このとき、中ぶたの2つの穴と上ぶたの穴が垂直になるようにする。

⑥ 9〜13分たって、上ぶたの穴から蒸気が勢いよく噴き出しはじめてから1〜2分後に火を止め、そのまま20分蒸らす。うなぎ、ハム、紅しょうがを加えて混ぜ合わせる。

⑦ 器に盛り、②の卵をのせて粉ざんしょうをかける。

かぶとアンチョビのミルクごはん

牛乳入りのごはんはやさしい味わい。
かぶは煮崩れしていませんが、
口に入れるとほろっと崩れます。

材料と作り方

かぶ … **3個**（1個約130g）
塩 … **小さじ$\frac{1}{2}$**
アンチョビフィレ（缶詰）… **1缶**（50g）
にんにく … **大1かけ**
白米 … **2合**
牛乳 … **300mℓ**
水 … **100mℓ**
オリーブ油 … **大さじ2**

① かぶの葉は1.5cm長さに切り、塩をふってもみ、しばらくおく。しんなりしたら水けを絞る。かぶは皮をむいて1.5cmの角切りにする。アンチョビはペーパータオルで油をきってみじん切りにする。にんにくは縦半分に切って芽を取り除く。

② ボウルに水をはり、ざるに入れた米をつけてさっと混ぜ、一度引き上げて水を捨てる。ボウルに米の入ったざるをのせて流水を入れ、「水の中でやさしく米を洗う→水を捨てる」を数回繰り返し、5分ほど水をきる。

③「かまどさん」に米を入れ、牛乳と分量の水を加えて上ぶたをし、20分間浸水させる。

④ ふたをあけてアンチョビ、にんにく、オリーブ油を加えてさっと混ぜ、かぶも加える。中ぶたと上ぶたをして中強火にかける。このとき、中ぶたの2つの穴と上ぶたの穴が垂直になるようにする。

⑤ 9〜13分たって、上ぶたの穴から蒸気が勢いよく噴き出しはじめてから1〜2分後に火を止め、そのまま20分蒸らす。

⑥ 器に盛り、かぶの葉をのせる。

コンビーフの
ハーブごはん

コンビーフとにんじんのコンビで色鮮やかなごはんに。
にんじんの甘みとコンビーフの旨みが
ごはんにしっかり絡みます。

材料と作り方

コンビーフ … **1缶**（100g）
にんじん … **1本**（180g）
塩 … **約小さじ1**
白米 … **2と$\frac{1}{2}$合**
水 … **500㎖**
ローリエ … **1枚**
こしょう … **適量**

① にんじんはスライサーでせん切りにする。

② ボウルに水をはり、ざるに入れた米をつけてさっと混ぜ、一度引き上げて水を捨てる。ボウルに米の入ったざるをのせて流水を入れ、「水の中でやさしく米を洗う→水を捨てる」を数回繰り返し、5分ほど水をきる。

③ 「かまどさん」に米を入れ、分量の水を加えて上ぶたをし、20分間浸水させる。

④ ふたをあけて塩を加えてさっと混ぜ、ほぐしたコンビーフ、にんじん、ローリエを加える。中ぶたと上ぶたをして中強火にかける。このとき、中ぶたの2つの穴と上ぶたの穴が垂直になるようにする。

⑤ 9〜13分たって、上ぶたの穴から蒸気が勢いよく噴き出しはじめてから1〜2分後に火を止め、そのまま20分蒸らして全体を混ぜ、こしょうをふる。

きのこリゾット

ふたを使わないで熱を蓄えた鍋だけで作るリゾットです。
きのこは炒めるほどに旨みが増し、
鍋全体が均等に熱くなっているのでむらなく火が入ります。

材料と作り方

しめじ … 2パック（約200g）
マッシュルーム … 1パック
玉ねぎ … 小$\frac{1}{2}$個（80g）
オリーブ油 … 大さじ1
塩 … 約小さじ1と$\frac{1}{2}$
白米 … 2合
水 … 700～800mℓ
こしょう … 適量
パルメザンチーズのすりおろし … 適量

① しめじは石づきを取り除き、マッシュルームと玉ねぎとともにフードプロセッサーに入れてみじん切りにする。

② 米はさっと洗ってざるに上げる。

③ 「かまどさん」にオリーブ油を入れて中強火にかける。オリーブ油が温まってきたら①と塩を加え、しんなりとして水分がなくなってくるまで5～6分炒める。

④ ③に米を加え〈**写真**〉、全体になじむ程度に軽く炒める。ひたひたになるくらいの水（約200mℓ）を加えてふたをしないで2分ほど煮る。

⑤ 弱火にし、米が鍋にくっつかないようにときどき全体を混ぜる。煮詰まったら再びひたひたになるくらいの水（約200mℓ）を加え、2分ほど煮る。

⑥ ⑤を2回繰り返し、食べてみて少し固いくらいになったら火を止め、ふたをしないでそのまま20分置く。

⑦ ⑥の米が水分を吸って固まっていたら100～200mℓの水を加えてひと混ぜし、味をみて足りないようなら塩（分量外）、こしょうで調味する。

⑧ 器に盛り、チーズをかける。

さんまのハーブごはん

ハーブたっぷりの爽やかな風味がたまりません。
ワインでさんまの臭みを消し、
中ぶたの圧力でさんまをふっくらと炊き上げます。

材料と作り方

さんま … 1尾
塩ⓐ … 小さじ1/2
白ワイン … 大さじ1と1/2
塩ⓑ … 小さじ1強
白米 … 2と1/2合
水 … 500㎖
イタリアンパセリ … 3本
ディル … 6本

① さんまははらわたを取り除いて長さを半分に切る。塩ⓐをふり、オーブントースターで表面が色づくまで焼く。イタリアンパセリとディルは茎を取り除いてざく切りにする。

② ボウルに水をはり、ざるに入れた米をつけてさっと混ぜ、一度引き上げて水を捨てる。ボウルに米の入ったざるをのせて流水を入れ、「水の中でやさしく米を洗う→水を捨てる」を数回繰り返し、5分ほど水をきる。

③「かまどさん」に米を入れ、分量の水を加えて上ぶたをし、20分間浸水させる。

④ ふたをあけて白ワインと塩ⓑを加えてさっと混ぜ、さんまをのせて中ぶたと上ぶたをして中強火にかける。このとき、中ぶたの2つの穴と上ぶたの穴が垂直になるようにする。

⑤ 9〜13分たって、上ぶたの穴から蒸気が勢いよく噴き出しはじめてから1〜2分後に火を止め、そのまま20分蒸らす。

⑥ ①のハーブ類を散らし、さんまの頭と骨を取り除きながら全体を混ぜ合わせる。

お茶の葉と
れんこんのごはん

お茶の風味とシャキシャキのれんこんが見事に調和。
XO醤を使えば味がピタッと決まるので、
味つけに迷うことがありません。

材料と作り方

ウーロン茶の茶葉 … 大さじ1
れんこん … 小1節（120g）
豚ばら薄切り肉 … 110g
塩ⓐ … 小さじ$\frac{1}{2}$
絹さや … 25枚
白米 … 2と$\frac{1}{2}$合
水 … 500mℓ
XO醤 … 大さじ1
塩ⓑ … 約小さじ1

① 茶葉はみじん切りにする。れんこんは1cm角に切る。豚肉は細切りにして塩ⓐをまぶす。絹さやは筋を取って斜めに半分に切る。

② ボウルに水をはり、ざるに入れた米をつけてさっと混ぜ、一度引き上げて水を捨てる。ボウルに米の入ったざるをのせて流水を入れ、「水の中でやさしく米を洗う→水を捨てる」を数回繰り返し、5分ほど水をきる。

③ 「かまどさん」に米を入れ、分量の水を加えて上ぶたをし、20分間浸水させる。

④ ふたをあけてXO醤、塩ⓑ、茶葉を加えてさっと混ぜ、れんこんと豚肉を加える。中ぶたと上ぶたをして中強火にかける。このとき、中ぶたの2つの穴と上ぶたの穴が垂直になるようにする。

⑤ 9〜13分たって、上ぶたの穴から蒸気が勢いよく噴き出しはじめてから1〜2分後に火を止め、絹さやを加えて上ぶたをし、そのまま20分蒸らす。

たこライス

たこの味を隠し味のしょうがが引き立てます。
たことしょうがをみじん切りにするのがめんどうなときは、
フードプロセッサーを使うと簡単。

材料と作り方

ゆでだこ … 220g
しょうが … 2かけ
白米 … 2と$\frac{1}{2}$合
水 … 500mℓ
ナンプラー … 大さじ2
ミニトマト … 1パック
糸唐辛子 … 適量

① たことしょうがはみじん切りにする。ミニトマトはへたを取って縦半分に切る。

② ボウルに水をはり、ざるに入れた米をつけてさっと混ぜ、一度引き上げて水を捨てる。ボウルに米の入ったざるをのせて流水を入れ、「水の中でやさしく米を洗う→水を捨てる」を数回繰り返し、5分ほど水をきる。

③ 「かまどさん」に米を入れ、分量の水を加えて上ぶたをし、20分間浸水させる。

④ ふたをあけてたこ、しょうが、ナンプラーを加える。中ぶたと上ぶたをして中強火にかける。このとき、中ぶたの2つの穴と上ぶたの穴が垂直になるようにする。

⑤ 9～13分たって、上ぶたの穴から蒸気が勢いよく噴き出しはじめてから1～2分後に火を止め、そのまま20分蒸らす。ミニトマトを加えてやさしく混ぜ合わせる。

⑥ 器に盛り、糸唐辛子をのせる。

鶏肉のピーナッツライス

ふたをあけるとピーナッツと鶏肉の香りが辺り一面に広がります。
シンガポールチキンライスのような
エスニック気分が楽しめる一品です。

材料と作り方

鶏もも肉 … **1枚** (280g)

塩ⓐ … **小さじ1弱**

ピーナッツ (薄皮をむいたもの) … **60g**

白米 … **2と$\frac{1}{2}$合**

水 … **500mℓ**

塩ⓑ … **約小さじ1**

白練りごま … **大さじ1と$\frac{1}{2}$**

香菜 … **適量**

① 鶏肉は塩ⓐをふって1時間以上おく。

② ボウルに水をはり、ざるに入れた米をつけてさっと混ぜ、一度引き上げて水を捨てる。ボウルに米の入ったざるをのせて流水を入れ、「水の中でやさしく米を洗う→水を捨てる」を数回繰り返し、5分ほど水をきる。

③「かまどさん」に米を入れ、分量の水を加えて上ぶたをし、20分間浸水させる。

④ ふたをあけて塩ⓑと練りごまを加えてさっと混ぜ、鶏肉とピーナッツを加える。中ぶたと上ぶたをして中強火にかける。このとき、中ぶたの2つの穴と上ぶたの穴が垂直になるようにする。

⑤ 9～13分たって、上ぶたの穴から蒸気が勢いよく噴き出しはじめてから1～2分後に火を止め、そのまま20分蒸らす。

⑥ 鶏肉を取り出して食べやすい大きさに切る。器にごはんと鶏肉を盛り、香菜を添える。

えびとパプリカごはん

えびをこんがり焼くと香ばしい風味と旨みが
ぎゅっと閉じ込められます。
炊いている間に具材すべての旨みが溶け出してごはんに絡みます。

材料と作り方

有頭えび … **5尾**
パプリカ（赤）… **1個**（170g）
パプリカ（黄）… **1/2個**（85g）
バジルの葉 … **5本分**
にんにくの薄切り … **1かけ分**
白米 … **2と1/2合**
水 … **500mℓ**
トマトペースト（6倍濃縮）
… **1パック**（15g）
塩 … **小さじ1と1/2**
オリーブ油 … **大さじ1**
クミンシード … **小さじ1**

① えびはオーブントースターでこんがり色づくまで両面を焼く。パプリカはそれぞれへたと種を取って1×3cmに切る。バジルの葉はざく切りにする。

② ボウルに水をはり、ざるに入れた米をつけてさっと混ぜ、一度引き上げて水を捨てる。ボウルに米の入ったざるをのせて流水を入れ、「水の中でやさしく米を洗う→水を捨てる」を数回繰り返し、5分ほど水をきる。

③ 「かまどさん」に米を入れ、分量の水を加えて上ぶたをし、20分間浸水させる。

④ ふたをあけてトマトペーストと塩、オリーブ油を加えてさっと混ぜ、クミンシード、パプリカ、にんにく、えびを加える〈**写真**〉。中ぶたと上ぶたをして中強火にかける。このとき、中ぶたの2つの穴と上ぶたの穴が垂直になるようにする。

⑤ 9〜13分たって、上ぶたの穴から蒸気が勢いよく噴き出しはじめてから1〜2分後に火を止め、そのまま20分蒸らす。バジルの葉を加えてやさしく混ぜ合わせる。

材料をのっけて混ぜるだけの簡単混ぜごはん

「かまどさん」でごはんが炊けたら、すぐにできる簡単混ぜごはん4種をご紹介します。のっけて混ぜるだけなのでだれでも失敗なく作れます。分量はお好みで加減してください。

削り節＋ゆずこしょう

材料と作り方

温かいごはん茶碗1杯分に削り節適量とゆずこしょう少々をのせる。

焼きのり＋じゃこ＋バター

材料と作り方

温かいごはん茶碗1杯分にちぎった焼きのり、じゃこ、バター各適量をのせる。

みょうが＋しば漬け

材料と作り方

温かいごはん茶碗1杯分に、みょうがの薄切りとしば漬けのみじん切り各適量をのせる。

トマト＋すりごま＋香菜

材料と作り方

トマト$\frac{1}{2}$個は一口大に切る。ボウルにトマト、塩少々、ざく切りにした香菜とすりごま各適量を入れてさっと混ぜ、温かいごはん茶碗1杯分にのせる。

「かまどさん」で

作って そのまま 食卓へ

「かまどさん」は土鍋としても活躍します。いろいろな材料を煮込んで鍋ごと食卓に運びましょう。ここでは中ぶたは使用しないので、調理時間は様子をみて加減してください。また、同時にごはんは炊けないので、事前に炊いたものをおにぎりにしたり、パンなどを添えて召し上がれ！

豚汁風鍋

具だくさんで旨みたっぷりのみそ鍋。ごはんとよく合います。
煮るほどに肉の旨みが溶け出して具材に染み込み、
具材本来の味を後押ししておいしさが倍増します。

材料と作り方

豚ばら肉（ブロック）… **380g**
塩 … **小さじ1**
にんじん … **1と1/2本**
ごぼう（細いもの）… **8本**
玉こんにゃく … **10個**
切り干し大根（乾燥）… **30g**
ほうれん草 … **1わ**
水 … **4カップ**
みそ … **大さじ2ほど**
しょうがの薄切り … **1かけ分**

塩むすび

ごはん … **適量**
塩 … **適量**

①豚肉は1cm幅に切って塩をまぶし、30分ほどおく。

②にんじんは3.5cm長さに切り、縦半分に切って繊維に沿って5mm厚さに切る。ごぼうはたわしでよく洗って5cm長さの斜め切りにする。切り干し大根は5分ほど水につけて戻し、ざるに上げる。ほうれん草は根元を切って3.5cm長さに切る。

③「かまどさん」に分量の水と豚肉を入れて上ぶたをし、中強火にかける。沸騰したらアクを取って弱火にし、にんじん、ごぼう、こんにゃく、しょうがを入れて、再び中強火にする。

④沸騰したら再び弱火にしてみそを加え、6分煮て切り干し大根を加え、上ぶたをして4分煮る。ほうれん草を加えて2分煮る。煮汁の味をみて足りないようならみそ（分量外）を加えて混ぜる。

⑤手に塩をつけてごはんをにぎり、④の鍋に添える。

水炊き

2種の特製だれが味の決め手。飽きることなく食べられる鍋です。
保温力が高いのでじわじわと火が入り、
柔らかくておいしい肉が味わえます。

材料と作り方

鶏もも肉のぶつ切り（骨つき）… **3本分**
＊1本約350gを3～4等分に切ったもの。

塩 … **10.5g**（肉の重さの1%）

キャベツ … **1/4個**

玉ねぎ … **1個**

にんにくの薄切り … **2かけ分**

鶏スープ（市販・無添加）… **3カップ**

ねぎだれ

長ねぎ（白い部分）… **1本分**

塩、こしょう … **各適量**

ごま油 … **約大さじ2**

ごま豆板醤だれ

白練りごま … **100g**

豆板醤 … **小さじ1**

しょうゆ … **小さじ2**

① 鶏肉は塩をまぶして20分ほどおく。

② キャベツは4cm角に切り、玉ねぎは1.5cm厚さのくし形切りにする。長ねぎは5mm角に切る。たれはそれぞれ混ぜ合わせる。

③「かまどさん」に鶏スープと①を入れて上ぶたをし、中強火にかける。沸騰したらアクを取って弱火にし、にんにくを加えて20分ほど煮る。

④ キャベツと玉ねぎを加え、再び沸騰したら弱火にして上ぶたをし、8分煮て火を止める。②のたれを添える。

しめはうどんで

具材の旨みがたっぷりの煮汁にうどんを入れ、万能ねぎの小口切りをかけるだけ。具材が残っていたらいっしょに盛りつけて食べてもおいしい。

おでん

味が入りにくいものから時差で野菜を煮込んでいくのがポイント。
こってりとした牛すじにトマトが入って
酸味と爽やかさがプラスされます。

材料と作り方

牛すじ肉 … 400g
大根 … 10cm
トマト … 4個
昆布 (6×12cm) … 1枚
水 … 3カップ
塩 … 約大さじ1
しょうがの薄切り … 1かけ分
ゆで卵 … 4個
結び昆布 … 8個
しょうゆ … 大さじ1
和がらし … 適量

ねぎとオリーブ油のおにぎり

ごはん … 適量
万能ねぎの小口切り … 適量
オリーブ油 … 少々

① 牛すじ肉は鍋に入れ、かぶるくらいの水を入れて強火にかける。沸騰したらざるに上げて水でよく洗う。

② 大根は2cm厚さに切り、トマトはへたを取って湯むきする。

③「かまどさん」に①と昆布、分量の水、塩、しょうがを入れて上ぶたをし、中強火にかける。沸騰したら弱火にして、ときどきアクを取りながら30分ほど煮る。

④ 大根を加え、再び上ぶたをして10分煮る。ゆで卵とトマト、しょうゆを加えてさらに5分煮、結び昆布を加えてさらに5分煮る。味をみて足らないようなら塩(分量外)で調味する。和がらしを添える。

⑤ ごはんに万能ねぎとオリーブ油を混ぜてにぎり、④の鍋に添える。

白いんげん豆と塩豚の煮込み

「かまどさん」ならブロック肉も中までしっかり味が入ります。
コトコト煮ている間、上ぶたをしたままでも穴があいているから
ふきこぼれる心配がありません。

材料と作り方

豚肩ロース肉（ブロック）… **400g**
└ **塩ⓐ … 4g**
白いんげん豆（乾燥）… **1と$\frac{1}{3}$カップ**
└ **水 … 4カップ**
玉ねぎ … $\frac{1}{3}$個
にんじん … $\frac{1}{2}$本
セロリ … 小1本
ドライトマトのみじん切り … 大さじ2
水 … 2カップ
塩ⓑ … 約大さじ1
ローリエ … 1枚
こしょう … 適量
パン … 適量

① 豚肉は塩ⓐをすり込み、ポリ袋などに入れて冷蔵庫に一晩おく。白いんげん豆はボウルに入れて水4カップにつけ、冷蔵庫に一晩おく。

② 玉ねぎ、にんじん、セロリはみじん切りにする。

③ ①の白いんげん豆はざるに上げてさっと洗い、水けをきって「かまどさん」に入れ、分量の水、野菜類、塩ⓑ、ローリエを入れてさっと混ぜ、①の豚肉を中央にのせて〈写真〉上ぶたをし、中強火にかける。

④ 沸騰したら弱火にし、ふたをしたまま40分煮る。

⑤ 煮汁の味をみて足らないようなら塩（分量外）、こしょうで調味する。食卓へ出す前に豚肉を取り出して食べやすくスライスし、鍋に戻す。食べやすい大きさに切ったパンを添える。

獅子頭

肉だねを揚げることでコクと香ばしさがプラスされますが、
めんどうなら肉にたっぷりとオリーブ油を塗って
オーブントースターで軽く表面だけを焼くといいでしょう。

材料と作り方

肉だね

A
- 合いびき肉 … 450g
- しいたけのみじん切り … 5個分
- 長ねぎのみじん切り … 12cm分
- しょうがのみじん切り … 1かけ分
- 塩 … 小さじ1弱
- 酒 … 大さじ2
- しょうゆ … 小さじ1

揚げ油 … 適量
薄力粉 … 約大さじ2
白菜 … $\frac{1}{4}$個
春雨 … 64g

B
- 水 … 3と$\frac{1}{2}$カップ
- 酒 … 大さじ2
- しょうゆ … 大さじ2
- 塩 … 大さじ1弱

しょうがのせん切り … 1かけ分

① 肉だねを作る。ボウルにAを入れて手早く混ぜ合わせ 、6等分にして丸める。白菜は3cm角のそぎ切りにする。

② 鍋に揚げ油を熱し、中温(170〜180℃)になったら、①に薄力粉をまぶして表面に軽く色がつく程度に揚げる。

③「かまどさん」に白菜の芯の部分を平らに入れ、②を並べてのせる。混ぜ合わせたBを注ぎ入れて上ぶたをし、中強火にかける。

④ 沸騰したら弱火にし、6分煮て火を止める。鍋縁に白菜の葉の部分を並べてのせ、春雨(戻さない)も長ければ切って加えてしょうがを散らす。上ぶたをして再び中強火にかける。

⑤ 沸騰したら弱火にして4分煮、煮汁の味をみて足らないようなら塩(分量外)で調味して火を止める。

鶏肉と
ドライフルーツの煮込み

濃厚で体の芯から温まる洋風煮込み。
隠し味のバルサミコ酢が肉と野菜の旨みのまとめ役です。
ワインといっしょにどうぞ。

材料と作り方

鶏もも肉 … **2枚**（約570g）
└ **塩** … **6g**
鶏レバー … **180g**
にんじん … **2本**
玉ねぎ … **1個**
バター（食塩不使用）… **10g**
薄力粉 … **20g**

A
- **赤ワイン**（辛口）… **1カップ**
- **バルサミコ酢** … **1/2カップ**
- **トマトペースト**（6倍濃縮）… **15g**
- **塩** … **大さじ1ほど**
- **ローリエ** … **1枚**

プルーン（ドライ）… **10個**
こしょう … **適量**
パン（好みのもの）… **適量**

①　鶏肉は大きめの一口大に切って塩をふり、20分おく。鶏レバーは一口大に切って血管の血をしごき出す。にんじんと玉ねぎは2.5cm幅の乱切りにする。

②　バターは室温に戻して柔らかくし、薄力粉と混ぜ合わせる。

③　①の鶏肉はペーパータオルで水けをふき、「かまどさん」にAと共に入れてさっと混ぜる。鶏レバー、玉ねぎ、にんじんを加えて上ぶたをし、中強火にかける。

④　沸騰したら弱火にし、ときどきゴムべらでやさしくかき混ぜながら15分ほど煮る。

⑤　④に②をところどころに入れ〈写真〉、まんべんなく溶けるまで5分ほど煮る。煮汁の味をみて足りないようなら塩（分量外）、こしょうで調味する。火を止めてプルーンを加え、5分ほどおいてから食卓へ運び、パンを添える。

「かまどさん」はごはんとゆで卵が同時にできます。

卵は常温に戻したものを使い、中ぶたの上に置いておくだけ。固ゆで卵、半熟卵、温泉卵は中ぶたにのせるタイミングが異なります。卵を中ぶたにのせるときは、2つの穴をふさがないようにしてください。

あったかごはんで卵かけごはん

茶碗に炊きたてのごはんを盛って温泉卵をのせ、削り節をのせてしょうゆをかけるだけ。とろとろ卵とごはんの相性は抜群。

温泉卵

ごはんを炊いて火を止めたらすぐに中ぶたの上にのせ、上ぶたをして6分おく。取り出して冷水につける。〈**写真上**〉

半熟卵

ごはんを炊いて火を止めたらすぐに中ぶたの上にのせ、上ぶたをして8分おく。取り出して冷水につける。〈**写真中**〉

固ゆで卵

ごはんを火にかけるとき中ぶたの上にのせ、蒸らしたら取り出して冷水につける。〈**写真下**〉

「かまどさん」で
常備菜

「かまどさん」でごはんを炊かないときに常備菜を作っておきましょう。そうすればできたてごはんのおかずとして大活躍します。「かまどさん」は中ぶたをすることで圧力がかかるので、味がよく染み込みます。さらに火を止めたあとも余熱調理ができるので、時短で調理ができます。でき上がった常備菜は保存容器に入れて、冷蔵庫で4～5日は保存可能です。

ごぼうのごま梅煮

白菜と貝柱煮

なすのとろっと煮

いんげんと豆腐の塩昆布煮

ごぼうのごま梅煮

ごまとごぼうの風味がベストマッチ。梅の酸味が隠し味です。
余熱でごぼうにしっかり火が入るので、
火にかける時間は短くてすみます。

材料と作り方

ごぼう (細いもの) … **6本** (400g)
梅干し … **5個**
水 … **2カップ**
白練りごま … **大さじ4**
塩 … **適量**

① ごぼうは皮をたわしでよく洗って3㎝長さに切り、さっと水に通してざるに上げる。梅干しは種を取って果肉をみじん切りにする。

② 「かまどさん」に分量の水と梅干し、練りごまを入れてさっと混ぜ、ごぼうを加える。中ぶたと上ぶたをして中強火にかける。

③ 上ぶたの穴から蒸気が勢いよく噴き出しはじめてから約2分後に火を止め、そのまま20分蒸らす。味をみて、足りないようなら塩を加えて混ぜる。

白菜と貝柱煮

くたっとした白菜に貝柱の旨みがしっかり染み込みます。
さらに中ぶたで圧力がかかるので、
白菜から水分が出てスープにも白菜の旨みがたっぷり。

材料と作り方

白菜 … **1/4個** (850g)
帆立て貝柱 (水煮缶) … **2缶** (250g)
缶の汁＋水 … **1と1/2カップ**
塩 … **小さじ1**

① 白菜は3×4㎝に切る。「かまどさん」に缶の汁と水、塩を入れてさっと混ぜる。

② 白菜の芯の部分を入れ、貝柱の半量を真ん中に入れる。その上に白菜の葉を重ねてのせ、残りの貝柱を入れる。中ぶたと上ぶたをして中強火にかける。

③ 上ぶたの穴から蒸気が勢いよく噴き出しはじめてから約2分後に火を止め、そのまま20分蒸らす。

なすのとろっと煮

とろっとろのなすが口の中でとろけます。
火にかけている時間が短くても余熱で火が入るので、
柔らかいのに煮崩れしないなすに仕上がります。

材料と作り方

なす … 4個 (1本約150g)
水 … 2カップ
塩 … 大さじ1弱

① なすはへたを切り落として縦に4～6等分に切って水に通し、ざるに上げる。

② 「かまどさん」に分量の水と塩を入れてさっと混ぜ、なすを加える。中ぶたと上ぶたをして中強火にかける。

③ 上ぶたの穴から蒸気が勢いよく噴き出しはじめてから約1分後に火を止め、そのまま20分蒸らす。

いんげんと豆腐の塩昆布煮

豆腐を崩して煮るのがコツ。
火を止めたあと、味がじわじわと染み込みます。
熱が穏やかに伝わるからいんげんも柔らかくておいしい。

材料と作り方

さやいんげん (細いもの) … 48本 (350g)
木綿豆腐 … 1丁 (350g)
水 … 2カップ
塩 … 約小さじ$\frac{1}{2}$
塩昆布 … 10g

① さやいんげんはなり口を切り落として3cm長さに切る。豆腐はざるに上げる。

② 「かまどさん」に分量の水と塩、塩昆布を入れてさっと混ぜ、さやいんげんを加える。

③ 豆腐を手で崩しながら加え、中ぶたと上ぶたをして中強火にかける。

④ 上ぶたの穴から蒸気が勢いよく噴き出しはじめてから約1分後に火を止め、そのまま20分蒸らす。

蒸しゆで枝豆

短時間でも豆の中までしっかり火が入っているのは、
余熱調理ができるから。
塩味も中まで染み込んでいるので、いつもの枝豆とは一味違います。

材料と作り方

枝豆 … **1袋** (320g)
塩 … **小さじ1強**
水 … **1カップ**

① 枝豆は枝つきのものは外し、洗ってざるに上げる。
② 「かまどさん」に枝豆を入れて分量の水を加え、塩をふる。中ぶたと上ぶたをして中強火にかける。
③ 上ぶたの穴から蒸気が勢いよく噴き出しはじめてから約1分後に火を止め、そのまま20分蒸らす。

キャベツとしらすのサワー煮

いつもの食材で手軽に作れるさっぱり味の煮物。
中ぶたの圧力でくたくたに煮えたキャベツは
しらす干しの旨みとあいまっていくらでも食べられるおいしさです。

材料と作り方

キャベツ … $\frac{1}{3}$個 (600g)
水 … 2カップ
塩 … 小さじ1強
レモン果汁 … 大さじ2
にんにくの薄切り … 1かけ分
しらす干し … 60g

① キャベツは手で3cm角にちぎる。

② 「かまどさん」に分量の水、塩、レモン果汁を入れてさっと混ぜ、キャベツの芯の部分から入れ、しらす干しとにんにくの半量を真ん中に入れる。その上にキャベツを重ねてのせ、最後に残りのしらす干しとにんにくを入れ、中ぶたと上ぶたをして中強火にかける。

③ 上ぶたの穴から蒸気が勢いよく噴き出しはじめてから約2分後に火を止め、そのまま20分蒸らす。

かきのコンフィ

沸騰して10分でできるのがうれしいコンフィ。
かきが旬の時期のものだとプリップリの食感が堪能できます。
だしがしっかりしているので冷めても美味です。

材料と作り方

かき（加熱用）… **約25個**（500g）
塩 … 小さじ1
水 … 1カップ
酒 … $\frac{1}{2}$カップ
だし昆布（6×12㎝）… **2枚**
塩 … 大さじ1
赤唐辛子 … 1本
ごま油 … 大さじ2

① かきは流水でふり洗いをしてざるに上げ、1つずつペーパータオルでやさしく水けをふく。

② 「かまどさん」に①と残りの材料を入れ、中ぶたと上ぶたをして中弱火にかけて6～10分煮る。沸騰してきたら弱火にし、静かに沸騰している状態で10分煮て火を止め、そのまま冷ます。

キャベツコンビーフ

コンビーフの旨みがしっかり染み込んだキャベツが激ウマ。
少ない材料でも味は濃厚です。
余熱でコンビーフはとろとろ。

材料と作り方

キャベツ … **1/4個** (400g)
塩 … **小さじ1弱**
水 … **2カップ**
コンビーフ (缶詰) … **2缶** (160g)
タイム … **3本**

① キャベツは芯の固いところを切り落として、4等分のくし形切りにする。

② 「かまどさん」に分量の水と塩を入れてさっと混ぜ、キャベツを互い違いに入れてコンビーフとタイムをのせる。中ぶたと上ぶたをして中強火にかける。

③ 上ぶたの穴から蒸気が勢いよく噴き出しはじめてから約2分後に火を止め、そのまま20分蒸らす。

大根ときのこ、ザーサイ煮

ひよこ豆のクミン煮

小玉ねぎときくらげの中華風

かぼちゃのスパイス紅茶煮

大根ときのこ、ザーサイ煮

中ぶたで圧力がかかるから大根がとっても柔らかい！
煮崩れしないし、余熱調理で味が中までしっかり染み込んでジューシー。
ついつい箸がすすむ一品です。

材料と作り方

大根（太いところ）… **6cm**
エリンギ … **4本**
ザーサイ … **1個**（120g）
水 … **2と½カップ**
ごま油 … **大さじ1**

① 大根は1.5cm厚さの半月切りにする。エリンギは長さを半分に切って縦4等分に切る。ザーサイは一口大に切って流水でもみ洗いし、ざるに上げる。

② 「かまどさん」に大根を入れて分量の水を加え、エリンギとザーサイを加えてごま油を回しかける。中ぶたと上ぶたをして中強火にかける。

③ 上ぶたの穴から蒸気が勢いよく噴き出しはじめてから約2分後に火を止め、そのまま20分蒸らす。

ひよこ豆のクミン煮

短時間で煮て余熱でひよこ豆を柔らかく仕上げます。
ほくっとしたひよこ豆の食感が後を引くおいしさ。
シンプルな豆料理ですが、味はしっかりとしています。

材料と作り方

ひよこ豆（乾燥）… **1カップ**（165g）
水 … **3カップ**
塩 … **大さじ1と½弱**
クミンシード … **小さじ1**

① ひよこ豆はさっと洗って分量の水につけ、冷蔵庫に一晩おく。

② 「かまどさん」に①を水ごと入れ、塩とクミンシードを加えてさっと混ぜる。中ぶたと上ぶたをして中強火にかける。

③ 上ぶたの穴から蒸気が勢いよく噴き出しはじめたら弱火にし、約6分後に火を止め、そのまま30分蒸らす。

小玉ねぎときくらげの中華風

コリコリのきくらげの食感が堪能できます。
小玉ねぎは口の中でほろりと崩れ、きくらげはコリッ。
リズムのある食感が楽しめる中華味の煮物です。

材料と作り方

小玉ねぎ … 16個
きくらげ（乾燥）… 16g
水 … 2と1/2カップ
オイスターソース … 大さじ2
塩 … 小さじ1/2

① 小玉ねぎは皮をむく。きくらげは水で戻して茎元を切り落とす。

② 「かまどさん」に分量の水、オイスターソース、塩を入れてさっと混ぜ、①を加えて中ぶたと上ぶたをし、中強火にかける。

③ 上ぶたの穴から蒸気が勢いよく噴き出しはじめてから約1分後に火を止め、そのまま20分蒸らす。

かぼちゃのスパイス紅茶煮

洋風味のかぼちゃの煮物の味わいは新鮮！
かぼちゃと紅茶の意外な組み合わせが絶妙です。
かぼちゃが苦手な人でも箸が止まらなくなります。

材料と作り方

かぼちゃ … 1/2個（600g）
シナモンスティック … 1本
水 … 2と1/2カップ
はちみつ … 大さじ6
ティーバッグ（アールグレイ）… 2袋

① かぼちゃは種を取り除いて大きめの一口大に切る。シナモンスティックは半分に折る。

② 「かまどさん」に分量の水とはちみつを入れてさっと混ぜ、ティーバッグを加える。かぼちゃを並べ入れてシナモンスティックを加え、中ぶたと上ぶたをして中強火にかける。

③ 上ぶたの穴から蒸気が勢いよく噴き出しはじめてから約2分後に火を止め、そのまま20分蒸らす。

ポテサラ

イエローマスタードが隠し味。パンチのある一品です。
圧力がかかった鍋でじゃがいもを煮るので、
じゃがいも本来の旨みがしっかりといきています。

材料と作り方

じゃがいも（男爵）… 5個
にんにくの薄切り … 2かけ分
ベーコン … 2枚（36g）
水 … 1と$\frac{1}{2}$カップ
塩 … 小さじ1
A
イエローマスタード … 大さじ2
マヨネーズ（市販）… 大さじ4
スイートコーン（袋詰）… 1パック（60g）
パセリの葉のみじん切り … 3本分
こしょう … 適量

① じゃがいもは皮をむいて一口大に切り、ベーコンは1cm幅に切る。

② 「かまどさん」にじゃがいも、にんにく、ベーコン、分量の水を入れて塩を加え、中ぶたと上ぶたをして中強火にかける。

③ 上ぶたの穴から蒸気が勢いよく噴き出しはじめてから約3分後に火を止め、そのまま20分蒸らす。

④ ③をざるに上げ、水けをきってボウルに入れる。フォークの背でにんにくとじゃがいもを粗くつぶし、Aを加えて混ぜ合わせ、最後にこしょうを加えて混ぜる。

桜えびとにらの卵焼き

桜えびとにらの風味が鼻をくすぐるふんわり卵焼きです。
圧力のかかった鍋の中で卵を蒸し揚げする状態で焼き上げます。
桜えびの旨みも卵液にしっかりと溶け出しておいしさ倍増です。

材料と作り方

にら … **1束**
ごま油 … **大さじ2と$\frac{1}{2}$**
卵 … **8個**
桜えび … **20g**
塩 … **小さじ1**

① にらは1cm長さに切る。

② 「かまどさん」にごま油を入れて中火に5分ほどかけ、ときどき鍋をまわして油を全体になじませて、鍋と油を熱する。

③ ボウルに卵を割り入れ、桜えびと塩、①を加えてよく混ぜる。

④ ②に③を一気に入れて〈**写真**〉中ぶたと上ぶたをする。

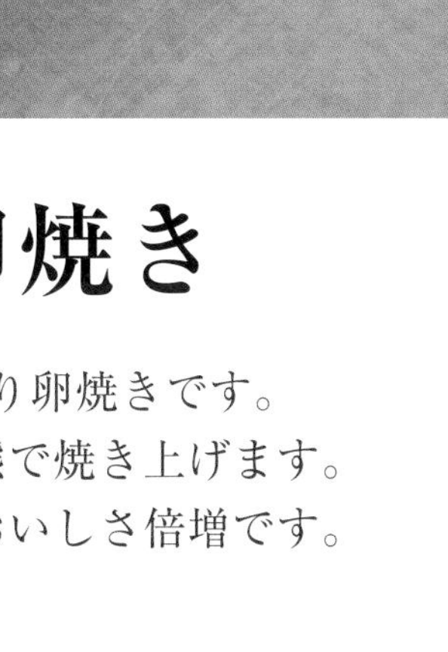

⑤ 中強火に14分かけ、ごく弱火にして14分火を通す。火を止めてそのまま20分蒸らす。

蒸し焼きピーマン

おぼろ昆布の旨みがピーマンを包み込んでジューシー。
ピーマンだけを鍋で煮て、でき上がってからおぼろ昆布を合わせるだけ。
簡単なのに口いっぱいに贅沢な旨みが広がります。

材料と作り方

ピーマン … **8個**
水 … **2カップ**
塩 … **小さじ1**
おぼろ昆布 … **25g**

① ピーマンはへたについている軸を取り、「かまどさん」に入れて分量の水を加え、塩をふる。中ぶたと上ぶたをして中強火にかける。

② 上ぶたの穴から蒸気が勢いよく噴き出しはじめてから約1分後に火を止め、そのまま20分蒸らす。

③ 保存容器に②を入れ、おぼろ昆布を加える。

蒸し焼きカリフラワーのカレー風味

口の中でほろっと崩れるカリフラワーと甘栗の食感が楽しい。
中ぶたの働きでカリフラワーが柔らかいのに形崩れしません。
しかもカレー味でパンチがあります。

材料と作り方

カリフワラー … **1個** (460g)
水 … **1と$\frac{1}{2}$カップ**
塩 … **小さじ1**
こしょう … **適量**
カレー粉 … **小さじ$\frac{1}{2}$**
ローリエ … **1枚**
にんにくの薄切り … **1かけ分**
甘栗 … **105g**

① カリフラワーは小房に分ける。

② 「かまどさん」に分量の水を入れて塩、こしょう、カレー粉、ローリエを加えてさっと混ぜ、①とにんにくを加える。中ぶたと上ぶたをして中強火にかける。

③ 上ぶたの穴から蒸気が勢いよく噴き出しはじめてから約1分後に火を止める。ふたをあけて甘栗を加え、すぐに中ぶたと上ぶたをしてそのまま20分蒸らす。

里いもと厚揚げの白だし煮

里いもが煮崩れしないで中まで柔らかい、
だしと素材の旨みだけなのに飽きずに食べられる煮物です。
厚揚げにも味がしっかり入っています。

材料と作り方

里いも … 小19個
厚揚げ … 1枚
水 … 2カップ
昆布 (6×12㎝) … 1枚
塩 … 約小さじ1と½

① 里いもは皮をむき、厚揚げは8等分に切る。

② 「かまどさん」に分量の水と昆布を入れて20分ほどつけ、塩を加えて軽く混ぜ、①を加える。中ぶたと上ぶたをして中強火にかける。

③ 上ぶたの穴から蒸気が勢いよく噴き出しはじめてから約2分後に火を止め、そのまま20分蒸らす。

さつまいもとにんじんのレモン煮

爽やかなレモンの風味と野菜の甘みが絶妙にマッチしています。
砂糖ではなく、はちみつで少し濃度をつけた甘みに。
ほんのり甘さを加えてあるので上品な味わいです。

材料と作り方

さつまいも … 小2本 (1本約150g)
にんじん … 1本
レモン … ½個
水 … 2カップ
はちみつ … 大さじ6

① さつまいもはよく洗い、にんじんと共に1.5㎝厚さの輪切りにする。レモンは5㎜厚さの半月切りにする。

② 「かまどさん」に分量の水、はちみつ、レモンを入れてさっと混ぜ、さつまいもとにんじんを加える。中ぶたと上ぶたをして中強火にかける。

③ 上ぶたの穴から蒸気が勢いよく噴き出しはじめてから約1分30秒後に火を止め、そのまま20分蒸らす。

鶏手羽と
干ししいたけの煮物

鶏肉にしっかり味が染み込んで柔らかく、身が骨からするっと外れます。
これぞ「かまどさん」のなせる技。
鍋全体に熱が回って鶏肉にしっかりと火を入れます。

材料と作り方

鶏手羽中 … **小16個**（1個約35g）

干ししいたけ … **8個**

水 … **1カップ**

A

- **酒** … **大さじ1**
- **みりん** … **大さじ1**
- **しょうゆ** … **大さじ2**
- **塩** … **小さじ$\frac{1}{2}$強**

① 干ししいたけは分量の水で戻し、石づきを取り除く。

② 「かまどさん」にしいたけの戻し汁とAを入れて軽く混ぜ、鶏肉としいたけを加える。中ぶたと上ぶたをして中強火にかける。

③ 上ぶたの穴から蒸気が勢いよく噴き出しはじめてから約1分30秒後に火を止め、そのまま20分蒸らす。

豚肉とれんこん、うずらの卵の煮つけ

豚肉をくるくると巻くのがポイント。角煮風の味つけですが、
薄切り肉を使うことで食べやすさも味わいも一味違います。
うずらの卵も煮卵のように味がちゃんとついています。

材料と作り方

豚肩ロース薄切り肉 … 200g
れんこん … 220g
うずらの卵 (ゆでたもの) … 10個

A
- **しょうゆ … 大さじ2と$\frac{1}{2}$**
- **酒 … 大さじ2**
- **はちみつ … 大さじ1**
- **塩 … 小さじ1**
- **水 … 1カップ**
- **しょうがのすりおろし … 1かけ分**
- **にんにくのすりおろし … 1かけ分**

① 豚肉は2枚重ねてくるくると巻く。れんこんは皮をむいて3cm角に切る。

② 「かまどさん」に**A**を入れてさっと混ぜ、豚肉、れんこん、殻をむいたうずらの卵を加える。中ぶたと上ぶたをして中強火にかける。

③ 上ぶたの穴から蒸気が勢いよく噴き出しはじめてから約1分30秒後に火を止め、そのまま20分蒸らす。

ひき肉じゃが

じゃがいもが柔らかくホクホク。
ひき肉を使っているので時短で簡単にできる肉じゃがです。
炊きたてのごはんといっしょに食べれば至福のとき。

材料と作り方

牛ひき肉 … 200g
玉ねぎ … 1個
しょうがのみじん切り … 1かけ分
サラダ油 … 大さじ1
じゃがいも … 8個

A
水 … $\frac{1}{2}$カップ
しょうゆ … 大さじ3
酒 … 大さじ2
みりん … 大さじ2

① 玉ねぎは粗みじん切りにし、じゃがいもは皮をむいて半分に切る。

② 「かまどさん」にひき肉と玉ねぎ、しょうが、サラダ油を入れて中強火にかけ、肉の色が変わるまでほぐしながら火を通し、いったん火を止める。

③ ②にAを加えて軽く混ぜ、じゃがいもを加える。中ぶたと上ぶたをして中強火にかける。

④ 上ぶたの穴から蒸気が勢いよく噴き出しはじめてから約1分30秒後に火を止め、そのまま20分蒸らす。

ラタトゥイユ

野菜を重ねてのせるのがコツ。
煮込む前は鍋いっぱいになりますが、中ぶたをして煮込むとくったり。
野菜の水分と旨みが煮汁の中に溶け出しておいしさの後押しをします。

材料と作り方

パプリカ（赤）**… 1個**
パプリカ（黄）**… $\frac{1}{2}$個**
玉ねぎ … $\frac{1}{2}$個
ズッキーニ … $\frac{1}{2}$本
トマト（完熟）**… 大1個**
なす … 2個
にんにくの粗みじん切り … 1かけ分
塩 … 小さじ1強
オリーブ油 … 大さじ1と$\frac{1}{2}$
水 … 1カップ

① パプリカはそれぞれ2.5㎝角に切る。玉ねぎは粗みじん切りにする。ズッキーニとトマトは1.5㎝角に切る。なすは1㎝厚さの輪切りにする。

② 「かまどさん」に玉ねぎ、トマト、にんにくを入れ、パプリカとズッキーニを合わせてのせ〈**写真**〉、塩の半量をふってなすをのせる。残りの塩をふってオリーブ油をまわしかけ、分量の水を加える。中ぶたと上ぶたをして中強火にかける。

③ 上ぶたの穴から蒸気が勢いよく噴き出しはじめてから約1分30秒後に火を止め、そのまま20分蒸らす。

春雨とかにのうま煮

春雨にしっかりと味が染み込んでごはんのおかずにぴったり。
かに缶が隠し味になって、かにの風味が口の中をさっと通り抜けます。
少し太めの春雨を使えば食べごたえのある一皿になります。

材料と作り方

かに缶（フレーク）… 2缶（1缶100g）

春雨（韓国料理に使うでんぷん春雨）　100g
＊ ここで使ったのは韓国料理で使うでんぷん春雨。
　ないときはマロニーのような太めの春雨でもよい。

長ねぎ（白いところ）… 1本

たけのこ（水煮）… 220g

しめじ … 150g

水 … 1と1/2カップ

A
- しょうがのすりおろし … 1かけ分
- 甜麺醤 … 大さじ1と1/2
- 塩 … 小さじ1弱

① 春雨は水につけて固さが残るくらいに戻し、キッチンばさみで3cm長さに切る。長ねぎは5mm角に切り、たけのこは2cm長さの薄切りにする。しめじは石づきを取り除いてほぐす。

② 「かまどさん」に分量の水とAを入れてさっと混ぜ、他の材料をすべて加える。中ぶたと上ぶたをして中強火にかける。

③ 上ぶたの穴から蒸気が勢いよく噴き出しはじめてから約1分後に火を止め、そのまま20分蒸らす。

「かまどさん」で
簡単デザート

「かまどさん」はフルーツも柔らかくジューシーに仕上げます。
食後におやつに楽しめる簡単デザートを2種ご紹介します。

りんご煮

りんごの酸味が甘ずっぱくて爽やか。
鍋中にじわじわと圧力がかかってりんごの形を崩すことなく煮上げます。
ワインの心地よい風味がりんごを包み込む粋なデザートです。

材料と作り方

りんご … 2個
砂糖 … 100g
白ワイン … $\frac{1}{2}$カップ
水 … 2カップ

① りんごは皮をむいて8等分のくし形切りにし、芯を取り除く。

② 「かまどさん」に砂糖と白ワイン、分量の水を入れてさっと混ぜ、りんごを並べ入れる。

③ 中ぶたと上ぶたをして中強火にかけ、上ぶたの穴から蒸気が勢いよく噴き出しはじめてから約1分30秒後に火を止め、そのまま20分蒸らす。

あずきとぶどうの赤ワイン煮

さっぱりとした大人味のデザート。あずきとぶどうの組み合わせが絶品です。
あずきは崩れず食感も残る絶妙の炊き上がり。
くるんと皮のむけたぶどうがとってもおしゃれです。

材料と作り方

あずき（乾燥）… **1と$\frac{1}{2}$カップ**
└ **水 … 3カップ**
砂糖 … 165g
赤ワイン … **$\frac{1}{2}$カップ**
水 … **2カップ**
黒ぶどう（種なしの巨峰など）… **20粒**

① あずきは水につけて冷蔵庫に入れ、一晩おく。

② ①をざるに上げてさっと洗って「かまどさん」に入れ、砂糖の半量、赤ワイン、分量の水を加えてさっと混ぜる。中ぶたと上ぶたをして中強火にかける。

③ 上ぶたの穴から蒸気が勢いよく噴き出しはじめたら弱火にし、15分後にいったん火を止めてふたをあけ、残りの砂糖を加えてさっと混ぜ、ぶどうを加えて再び中ぶたと上ぶたをして中強火にかける。

④ 上ぶたの穴から蒸気が勢いよく噴き出しはじめてから約1分後に火を止め、そのまま40分蒸らす。

サルボ恭子

KYOKO SALBOT

料理家。老舗旅館の長女として生まれ、料理家の叔母に師事したのち渡仏。「オテル・ド・クリヨン」で研鑽を積み、帰国後料理研究家をサポートののちに独立。東京のアトリエと台湾にて料理を教えている。素材と向き合い、その持ち味を引き出す料理を得意とし、出張料理やケータリングで料理が最もおいしく味わえる“瞬間”を届けている。雑誌やテレビなどでも活躍し、洗練された家庭料理には根強いファンも多い。『ストウブ フランス仕込みの毎日レシピ』(小社刊)など著書多数。

オフィシャルFACEBOOKページ
https://www.facebook.com/kyokosalbotofficial/

instagram
https://instagram.com/kyokosalbot/

ブックデザイン　小橋太郎(Yep)
撮影　竹内章雄
スタイリング　大畑純子
企画・編集　小橋美津子(Yep)

伊賀焼窯元　長谷園(長谷製陶株式会社)

開窯は江戸時代の天保3年(1832年)。呑んべえでくいしんぼうの7代目当主・長谷優磁が構想から4年かけて「かまどさん」を開発。現在の8代目当主・長谷康弘が2000年に発売した。数ある炊飯器を抜いて、現在100万個超を売り上げるヒット商品になり、テレビや雑誌などで話題になっている。

伊賀焼窯元　長谷園

三重県伊賀市丸柱569
電話0595-44-1511
営業時間／9：00～17：00
お盆と年末年始は休み

長谷園 東京店 igamono(イガモノ)

東京都渋谷区恵比寿4-11-8 1F
電話03-3440-7071
営業時間／11：00～20：00
火曜定休＆お盆と年末年始は休み

撮影協力

UTUWA　03-6447-0070

本書の内容に関するお問い合わせは、お手紙かメール(jitsuyou@kawade.co.jp)にて承ります。恐縮ですが、お電話でのお問い合わせはご遠慮くださいますようお願いいたします。

長谷園「かまどさん」で毎日レシピ

2017年10月30日　初版発行
2023年4月20日　新装版初版印刷
2023年4月30日　新装版初版発行

著　者　サルボ恭子
発行者　小野寺優
発行所　株式会社河出書房新社
〒151-0051　東京都渋谷区千駄ヶ谷2-32-2
電話　03-3404-1201(営業)
03-3404-8611(編集)
https://www.kawade.co.jp/
印刷・製本　凸版印刷株式会社

Printed in Japan
ISBN978-4-309-29283-0

●本書は、小社刊行『長谷園「かまどさん」で毎日レシピ』(2017年10月)を新装したものです。